CONCISE DUTCH GRAMMAR

DICK RIETVELD

HANNEKE KLEP

Concise Dutch Grammar

WOLTERS-NOORDHOFF GRONINGEN

Vormgeving binnenwerk
Sepp Bader

Vormgeving omslag
Studio Wolters-Noordhoff, Groningen

Foto omslag
Robas producties, Den Ilp

Taalkundige adviezen
Ton Heuvelmans

5 6 7 / 2002 2001 2000

ISBN 90 01 75764 2

Contents

Preface

In 1980 Bruce C. Donaldson wrote a book, called 'Dutch Reference Grammar'. In its preface he mentioned the lack of an advanced Dutch grammar. He filled that gap. For the beginning student another gap remained: the principles of the Dutch language had to be learned from complex books like Donaldsons, which demanded a thorough knowledge of grammar, or from grammars written in Dutch itself.

This 'Concise Dutch Grammar' is intended for beginning students, but it may also be useful to intermediate students who want to have a clear overview of the fundamental grammatical rules of Dutch.

In this concise grammar we explain the main principles of Dutch. Not all exceptions to a given rule will always be mentioned in order to keep a clear view on the matter. Grammatical terms are clarified and examples are provided. Most sections contain one or more exercises. We acknowledge that the number of exercises is very restricted. It is therefore important to understand the theory before making the exercises.

For a more complete survey of the Dutch language we refer to advanced grammars. We thank Mathijs Deen for his support and critical remarks.

Hanneke Klep
Dick Rietveld

CHAPTER 1

Basic sentence structure

This chapter shows how a simple sentence in Dutch is formed: a main clause, consisting of a subject, one or more verbs and other parts of the sentence (constituents). In this chapter only, the translated sentences follow the Dutch word order (see * *).*

▨ 1.1 The affirmative sentence

As in English, the Dutch sentence is structured around the subject and the finite verb. These parts are inseparable.
The general sentence-structure is as follows:

subject	finite form	objects / other parts	other verbs
Ik * I	zal will	hem morgen him tomorrow	zien. see.

Dutch differs from English as regards the position of the verbs: apart from the finite verb, which comes second in the affirmative sentence, all verbs are placed at the end of the sentence. Another example:

Ik zal hem morgen naar de stad brengen.	* I will him tomorrow to the city take.

Note that a constituent of time is usually placed before a constituent of place or direction. The constituent of manner takes position between those two.

The affirmative sentence with inversion
In English inversion is mainly restricted to interrogative sentences (questions). In that case subject and verb change places. In Dutch however, inversion also occurs when the sentence begins with a different part (often a constituent of time) than the finite verb or the subject.

Gisteren zag ik hem.	* Yesterday saw I him.
Op de markt kocht Kitty bloemen.	* In the market bought Kitty flowers.

▨ 1.2 The interrogative sentence

Almost all interrogative sentences are inverted. A question begins either with the finite verb or with an interrogative word.

| Heb ik dat gezegd? | * Have I that said? |
| Waar ben je geweest? | * Where have you been? |

Only when the interrogative word is the subject of the sentence no inversion occurs:

| Wie heeft dat gezegd? | * Who has that said? |

1.3 The imperative sentence

The sentence expressing a command or an encouragement is characterized by the absence of a subject. The finite verb comes first in the imperative sentence.

| Hou je mond! | * Shut your mouth! |
| Zeg het met bloemen. | * Say it with flowers. |

Exercise **1**

Split up the sentence in different parts and underline the subject and the finite verb.

Example:
Ik / heb / hem / op een feest / ontmoet.   * I / have / him / at a party / met.

1 John wacht op het station.   * John waits at the station.
2 Wil je een appel?   * Want you an apple?
3 Kom je met de trein naar huis?   * Come you by train home?
4 Ik heb bij de bakker brood gehaald.   * I have at the baker's bread bought.
5 Morgen gaat de volgende trein.   * Tomorrow goes the next train.
6 Ik ging gisteren met een vriend naar de stad.   * I went yesterday with a friend to town.

Change the affirmative sentences into questions. Make interrogative sentences affirmative.

Example:

Julian zwemt in het meer.	* Julian is swimming in the lake.
Zwemt Julian in het meer?	* Is Julian swimming in the lake?

1 Tanja luistert naar de radio.   * Tanja listens to the radio.

2 Alle foto's zijn mislukt.   * All photographs went wrong.

3 Heeft hij jou gezien?   * Has he you seen?

4 Hebben alle Nederlanders planten in huis?   * Have all Dutchmen plants in their houses?

5 De tafel staat in het midden van de kamer.   * The table is in the middle of the room.

6 Ligt Groningen in het noorden van Nederland?   * Is Groningen situated in the northern part of the Netherlands?

Change the word order by placing a constituent of time, manner, place or direction at the beginning of the sentence.

Example:

Ze gaat elke week naar de bioscoop.	* She goes every week to the cinema.
Elke week gaat ze naar de bioscoop.	* Every week goes she to the cinema.

1 Kitty koopt fruit op de markt.   * Kitty buys fruit in the market.

2 Hij vertelt dat verhaal elk jaar.   * He tells that story every year.

3 Ze wonen sinds een half jaar in het dorp.   * They have lived for six months in the village.

4 We gaan vanmiddag naar de tentoonstelling.   * We go this afternoon to the exhibition.

5 Meneer Albers fietst nooit met losse handen.   * Mr Albers cycles never with no hands.

6 Mevrouw van Dam eet een broodje in de tuin.   * Mrs van Dam eats a sandwich in the garden.

CHAPTER 2

Personal pronouns, present tense and reflexives

In this chapter the personal pronouns will be discussed. After that the forming of the present tense of regular and irregular verbs is shown. Now simple sentences in the present tense can be made. At the end of this chapter the reflexive pronouns are looked into.

2.1   Personal pronouns

Ik zie hem.   **I see him.**

Dutch, like English, has personal pronouns: three persons singular and plural. The first person is the person speaking, the second person is the person spoken to, and the third person is the one you are speaking about. Each personal pronoun has a subject-form and an object-form.
The Dutch personal pronouns are:

		subject		*object*	
singular	1st pers	**ik**	I	**me (mij)**	me
	2nd pers	**je (jij)**	you	**je (jou)**	you
		u *	you	**u** *	you
	3rd pers	**hij**	he	**hem**	him
		ze (zij)	she	**haar**	her
		het	it	**het**	it
plural	1st pers	**we (wij)**	we	**ons**	us
	2nd pers	**jullie**	you	**jullie**	you
	3rd pers	**ze (zij)**	they	**ze**	them

* U is the polite form of *you*. This form is normally used to address strangers and older people.

Some of these personal pronouns have two forms. One of them is the official form (in the diagram this is placed between brackets), the other form is the one that is commonly used. The official pronoun is used only to emphasize:

Ze komt morgen.   She will come tomorrow.
Zij komt morgen.   *She* will come tomorrow.

2.2   Regular verbs: the present tense

Ik fiets.   **(I cycle.) I am cycling.**

The present tense of the verb is used if you want to indicate that something is taking place at this moment. This form is comparable with the present continuous in English (I am walking).
Most of the Dutch verbs end in -en (werk*en*, vind*en*, fiets*en* etc.). In order to conjugate the verb, you have to take away the -en. This gives you the main part of the verb, which is called the stem:

	werken (to work)	*werk (stem)*
singular	ik	werk (stem)
	je / u	werkt (stem + -t)
	hij / ze / het	werkt (stem + -t)
plural	we	
	jullie	werken (infinitive / full verb)
	ze	

So there are actually three verb-forms in the present tense: the stem, the stem + -*t* and the infinitive.
The finite verb looses its -*t* after an inversion of the second person singular (je / jij). This rule is not to be applied to the polite 'u'.

Jij werkt.	You are working. / You work.
Werk jij?	Are you working? / Do you work?
Werkt u?	Are you working? / Do you work?

Now simple sentences can be constructed:

Ik werk.	I work.
Hij fietst.	He cycles.
Kom je?	Are you coming?
Het regent.	It is raining.

2.3 The imperative

Ga weg! **Go away!**

The imperative is used to express an order, an encouragement or an invitation. The second persons singular and plural can be addressed by this form. However, the second person singular is the most commonly used. Note that the verb in that case looses its -*t*:

Kom binnen.	Come in.
Gaat u zitten.	Have a seat.

2.4 Irregular verbs: the present tense

Ik ga. **I am going.**

A few Dutch verbs do not end in -*en*. These verbs do not differ a lot from the previous ones. In order to find the stem -*n* is taken away instead of -*en*:

doen (to do)	Ik doe.
slaan (to hit)	Je slaat.
zien (to see)	Hij ziet.
gaan (to go).	Jullie gaan.
staan (to stand)	Sta je?

A number of verbs are irregular in the present tense, such as *hebben, zijn* and *komen*. A list of these verbs can be found in appendix 1. The rest of the irregular verbs will be dealt with in section 4.5 (The modal verbs).

2.5 Reflexives

Ik amuseer me. **I enjoy myself.**

Reflexive verbs need an object which refers to their subject. This is called the reflexive pronoun.
Below you find the conjugation of the reflexive verb *zich amuseren* (to enjoy oneself).

	subject	reflexive verb	reflexive pronoun	
singular	Ik	amuseer	me.	I enjoy myself.
	Je	amuseert	je.	You enjoy yourself.
	U	amuseert	zich.	You enjoy yourself.
	Hij	amuseert	zich.	He enjoys himself.
	Zij	amuseert	zich.	She enjoys herself.
	Het	amuseert	zich.	It enjoys itself.
plural	We	amuseren	ons.	We enjoy ourselves.
	Jullie	amuseren	je.	You enjoy yourselves.
	Ze	amuseren	zich.	They enjoy themselves.

Exercise 4

For exercise 4 and 5 you will need a dictionary. Verbs can not be found in a dictionary in conjugated form. Look for the infinitive.

Translate.

1 Hij fietst.
2 Ik denk.
3 We werken.
4 Ze ziet.
5 Jullie wensen.
6 Luister je?

7   They help.
8   He answers.
9   Are you laughing?
10 I see.
11 She finds.
12 We do.

Exercise 5

Complete the form and translate.

Example:
zich amuseren

Jullie ....
Jullie amuseren je.

1 zich verdedigen
2 zich vergissen
3 zich haasten
4 zich herinneren
5 zich verslapen
6 zich wassen

Hij   ....
Je   ....
Ze   ....
Ik   ....
We   ....
Jullie ....

CHAPTER 3

The nominal part

The part of the sentence which is structured around a noun is called the nominal part. Such constructions will be discussed in this chapter.

3.1   Nouns

de lucht   **the sky**

Nouns refer to persons, animals or things. In this section it will
be explained how the plural of a noun and a diminutive is formed (section 3.1.1 and 3.1.3). In section 3.1.2 attention will be
paid to the spelling of plurals.

3.1.1   Forming of plurals

de wolken   **the clouds**

A plural noun can be recognized by its ending. There are three
possible endings: -en, -s, and -eren. The first group (-en) is by far
the largest. The ending -eren is limited to a few words only.
We will give the general rules for nouns ending in -s and -eren.
Almost all other nouns end in -en.

1   Write an -s behind the noun if the noun ends in unstressed -e,
-el, -em, -en, -er.
vader	vaders	(father)
hondje	hondjes	(doggie)

2   Write -'s behind the noun if the noun ends in one open vowel:
-a, -i, -o, -u or -y.
auto	auto's	(car)
hobby	hobby's	(hobby)

3   Write -eren behind the following nouns:
kind	kinderen	(child)
blad	bladeren	(leaf)
ei	eieren	(egg)

3.1.2   Spelling

zoon, zon   **son, sun**

The spelling-rules presented in this section can be applied to the
spelling of all inflectable words (e.g. adjectives) and to the spelling of verbs.

In the diagram below, in which the three last letters of a word are shown, c stands for consonant, and v for vowel.

cvc (*man*)	→	cvcc + -*en* (*mannen*)	(man)
vvc (*maan*)	→	vc + -*en* (*manen*)	(moon)
vcc (*plant*)	→	vcc + -*en* (*planten*)	(plant)

The -*a* in *man* is pronounced short, the -*aa* in *maan* is a long vowel. As a rule, the pronunciation of a vowel is the same in singular and plural. The doubling of the consonant -*n* in *man* / *mannen* keeps the vowel before it short. In the case of *maan* / *manen*, one vowel becomes superfluous and is therefore left out.

The letters -*v* and -*z* only occur at the beginning of a syllable. Elsewhere they are spelled as -*f* and -*s*.

wolf	wol-ven	(wolf)
brief	brie-ven	(letter)
reis	rei-zen	(journey)

Finally, a small number of plurals is irregular. The most important ones are:

dag	dagen	(day)
dak	daken	(roof)
glas	glazen	(glass)
gat	gaten	(hole)
schip	schepen	(ship)
weg	wegen	(road)
slot	sloten	(lock)
stad	steden	(city)

Exercise **6**

Make plural nouns.

1	oor	(ear)	7	meisje	(girl)
2	kies	(molar)	8	jongen	(boy)
3	tand	(tooth)	9	vrouw	(woman)
4	lip	(lip)	10	neef	(nephew / cousin)
5	neus	(nose)	11	opa	(grandfather)
6	oog	(eye)	12	moeder	(mother)

Make singular nouns.

1	fabrieken	(factories)	7	straten	(streets)
2	kantoren	(offices)	8	namen	(names)
3	gebouwen	(buildings)	9	nummers	(numbers)
4	flats	(apartment buildings)	10	jaren	(years)
5	huizen	(houses)	11	maanden	(months)
6	kamers	(rooms)	12	minuten	(minutes)

3.1.3   Diminutives

een dorpje   **a small village**

Dutch, unlike English, has a special way to indicate that a thing or person is small or little: the diminutive.
The usual way of forming a diminutive is to add *-je* to the noun:

jas	jasje	(jacket)
kerk	kerkje	(church)
brief	briefje	(letter)

If this causes difficulties in pronunciation an exception to this rule is made. Then one or two extra letters are added. The main exceptions are:

1   *-tje* is added in the following cases:

a   After a long vowel or a diphtong:

idee	ideetje	(idea)
koe	koetje	(cow)

b   After a long vowel or a diphtong followed by *-n*, *-l*, *-w* or *-r*:

schoen	schoentje	(shoe)
verhaal	verhaaltje	(story)
duw	duwtje	(push)
deur	deurtje	(door)

c After words ending in unstressed *-el, -en* or *-er*:

tafel	tafeltje	(table)
kamer	kamertje	(room)

Mind the change in spelling of long vowels. At the end of the syllable all vowels (except for the voiceless *-e*) are pronounced long. It is therefore necessary to double this vowel if you add *-tje*:

la	laatje	(drawer)

2 After a short vowel followed by *-m, -n, -l, -r* and *-ng* add *-etje*. Keep the spelling-rules in mind (section 3.1.2):

man	mannetje	(man)
ring	ringetje	(ring)
bar	barretje	(bar)
vel	velletje	(piece of paper / skin)
bom	bommetje	(bomb)

3 *-pje* is added in the following cases:

a After a long vowel followed by *-m*:

boom	boompje	(tree)
riem	riempje	(belt)

b After a short vowel followed by *-lm* or *-rm*:

film	filmpje	(film)
arm	armpje	(arm)

c and after words ending in unstressed *-em*:

bodem	bodempje	(bottom)

Exercise 8

Give the diminutive.

1 bord	5 kast	8 dak
2 plaat	6 tuin	9 lepel
3 schilderij	7 geur	10 raam
4 paraplu		

▩ 3.2   Articles

de stad	**the city**
het plein	**the square**
een huis	**a house**

Dutch has three articles. Two of them are definite (*het*, *de*). They are equivalent to the English *the*. The third one is indefinite (*een*) and can be translated by the English *a* or *an*. Articles are used before nouns.

▩ 3.2.1   The indefinite article

een kamer   **a room**

The Dutch indefinite article is *een (a / an)*. It makes the noun which it precedes indefinite, unspecified:

Daar zit een kat.	There is a cat.

Dutch drops the indefinite article before professions and nationalities:

Zij is student.	She is a student.
Ik ben Nederlander.	I am a Dutchman.

▩ 3.2.2   The definite article

het huis	**the house**
de kamer	**the room**

Unlike English, Dutch has two definite articles: *de* (*the*) and *het* (*the*). They specify a person, animal or thing. *De* is used for feminine (*v*) and masculine (*m*) nouns and all plurals, *het* is used for neuter (*o*) nouns.

gender	m / v	o
singular	de	het
plural	de	de

To make sure you use the right article, consult a dictionary. A good dictionary indicates the gender by placing an *m* (masculine), *v* (feminine) or *o* (neuter) behind the noun. So before buying a dictionary check if the genders are given!
Most Dutch words are '*de*-words'. It is hard to give rules for the use of *de* and *het*. However, we will give a few.

1   Diminutives always have *het*:
    de stoel   het stoeltje   (chair)

2   The infinitive of a verb can be used as a noun. In that case the article is *het*:
    het eten   (dinner)

3   Words in plural always have *de*:
    het huis   de huizen   (house)
    het boek   de boeken   (book)
    het stoeltje   de stoeltjes   (little chair)

4   Persons have *de*:
    de vrouw   (the woman)
    de tandarts   (the dentist)

    There are two exceptions:
    het kind   (the child)
    het meisje   (the girl)

Exercise   9

Find the article.

1   ... oma
2   ... krant
3   ... ijsje
4   ... bussen
5   ... huis

6   ... boek
7   ... eten
8   ... bureau
9   ... stoel
10 ... televisie

27

▨ 3.3   Negations

geen, niet   **no, not**

Dutch has two words to negate with: *geen* and *niet*. They are comparable to the English negations *no* and *not*.

▨ 3.3.1   Geen

Ik heb geen tuin.   I have no garden.

Geen is used when the article is indefinite (*een*) or when there is no article at all. Put *geen* before the noun:

Ik heb een hond.	I have a dog.
Ik heb geen hond.	I have no dog.
Hij geeft haar bloemen.	He gives her flowers.
Hij geeft haar geen bloemen.	He gives her no flowers.

▨ 3.3.2   Niet

Ik ben niet gek.   I am not crazy.

Niet is used to negate the whole sentence or a part of it. E.g. a verb, an adverb, an adjective or a constituent of place.
In a main clause without inversion *niet* is usually placed directly after the finite verb:

Ik werk niet.	I do not work.
Hij studeert niet in Amsterdam.	He does not study in Amsterdam.
Ze gaat niet vaak naar de stad.	She does not go to the city often.
Mijn tuin is niet groot.	My garden is not big.

In a main clause with inversion the subject and finite verb stay together and are followed by the negation:

Morgen zal ik niet naar huis lopen.	Tomorrow I will not walk home.

In main clauses with or without inversion *niet* usually takes position after objects and constituents of time, but it will never occur before subject and finite verb:

An object:

We kopen het huis.	We buy the house.
We kopen het huis niet.	We do not buy the house.
Dat huis kopen we niet.	We do not buy that house.

A constituent of time:

Ze gaan volgend jaar naar Japan.	Next year they will go to Japan.
Ze gaan volgend jaar niet naar Japan.	Next year they will not go to Japan.

Exercise 10

Negate.

1 Ik ga naar de stad.
2 's Avonds leest ze de krant.
3 We vinden de tekenfilm leuk.

4 De lamp is kapot.
5 Oom Harry maakt een lange wandeling.
6 De kat ligt op het bed.

3.4 Demonstratives

deze straat **this street**
dit plein **this square**

Dutch has four different demonstratives: *deze, die, dit* and *dat*. Two of them are used for masculine and feminine nouns (*de*) and two for neuter nouns (*het*).
Demonstratives refer to the distance between the speaking person and the object the speaker is talking about.
In diagram:

		masc. / fem. m / v	neuter o
singular close:	this	deze	dit
far:	that	die	dat
plural close:	these	deze	deze
far:	those	die	die

de man   deze man (this)   die man (that)
de huizen   deze huizen (these)   die huizen (those)
het huis   dit huis (this)   dat huis (that)

Note that when the demonstrative is not positioned directly before the noun, only the neuter singular forms (*dit* and *dat*) are used. In this case they are translated in English by *these* or *those*.

Dit worden goede verhalen.   These will be good stories.
Dat zijn aardige jongens.   Those are nice boys.

Exercise 11

Give the plural.

1 deze kat
2 dit huis
3 dat programma

4 die computer
5 deze tango
6 dit glas

Exercise 12

Translate.

1 Those children are having fun.
2 I do not know those men.
3 The library is not in this street.
4 This knife is sharp and that knife is blunt.
5 That car is red.
6 These questions are important.

3.5   Adjectives

groot   **big**

An adjective adds information to the noun. For instance in the
sentence 'That is a beautiful city.', *beautiful* says something about
the city.

3.5.1   The inflection of adjectives

een grote stad   **a big city**

If the adjective is not placed directly before a noun ('De stad is
mooi.') it is not inflected.
If the adjective is used before the noun you add an *-e*:

het grappige kind	the funny child
de mooie jongen	the good looking boy

When a neuter noun has an indefinite article or no article at all
no *e* is added.

een groot huis	a big house
koud water	cold water

In diagram:

gender	*masc. / fem.*	*neuter*
definite : *de / het*	grote	grote
indefinite : *een*	grote	groot

Adjectives based on materials (e.g. gold, iron, wood) have *-en*.
Before nouns they are unchangeable:

de gouden ring	the gold ring
een houten huis	a wooden house

Participles (see section 4.1.2) can function as adjectives. They are inflected like adjectives.

de gebruikte methode	the method used
een gerenoveerd huis	a renovated house

Irregular participles ending in *-en* (section 4.2) are not inflected.

de gebakken vis	the fried fish
een geboren leider	a born leader

As in English you use the preposition *van* when these adjectives are put after the noun:

een hart van steen	a heart of stone
een kast van hout	a cupboard of wood

Links (left) and *rechts* (right) have irregular endings: *-er*. Furthermore they are always written as one word:

mijn linkerhand	my left hand
aan de rechterkant	on your right

3.5.2 The comparative

Deze stad is groter.   **This city is bigger.**

The ending of the comparative is *-er*. Apply the rules for the adjectives to inflect the comparative.
In a comparison you use the construction: adjective + *-er* + *dan*

Deze tafel is groter dan die stoel.	This table is bigger than that chair.
Het huis is kleiner dan de stad.	The house is smaller than the city.

Add a *-d* before the comparative ending if the adjective ends in *-r*:

duur	duurder	(expensive)
zwaar	zwaarder	(heavy)
ver	verder	(far)

If you want to indicate that two things or persons are equal, you use the construction *net zo / even* + adjective + *als*:

Hij is net zo groot als zijn vader.   He is (just) as big as his father.
Ze fietst even hard als haar broer.   She cycles (just) as fast as her
                                       brother.

3.5.3   The superlative

de grootste stad   **the biggest city**

The ending of the superlative is *-st*:

Zij is het grootst.   She is biggest.
Daar staat de oudste boom.   Over there is the oldest tree.

As in English a few comparatives and superlatives are irregular:

graag	liever	liefst	(gladly-rather-most gladly)
goed	beter	best	(good-better-best)
veel	meer	meest	(many / much-more-most)
weinig	minder	minst	(little-less-least)

Exercise   **13**

Fill in.

1	geel	Dat ...... jasje.	...... jasjes.	Het jasje is ....
2	blauw	Deze ...... doos.	Een ...... doos.	De ...... dozen.
3	zwart	Die ...... broek.	...... broeken.	De broeken zijn ....
4	wit	Dat ...... gordijn.	Een ...... gordijn.	De gordijnen zijn ....
5	groen	Deze ...... jas.	...... jassen.	De jassen zijn ....
6	rood	Deze ...... hoed.	Een ...... hoed.	Die hoed is ....

Form comparative and superlative.

	comparative	*superlative*

1 aardig
2 lekker
3 veel
4 dik
5 laat
6 druk

Improve the sentences if necessary.

1 De lucht is vandaag blauw dan gisteren.
2 In het gezellige restaurant kunnen jullie kleurige drankjes krijgen.
3 Die goedkoop winkel heeft lekkere broodjes.
4 In het mooie park staat een lelijke standbeeld.
5 Dure schoenen lopen niet altijd goede.
6 De buurman heeft een kleine wondje aan het linkse oor.

3.6 Adverbs

altijd   **always**

Adverbs often replace a construction with a noun and a preposition. Most adverbs indicate a time, a manner, a degree, or a place.

op deze avond:	vanavond	(tonight)
op deze manier:	zo	(thus)
op geen plek:	nergens	(nowhere, not anywhere)

Adverbs often form a separate part of the sentence. This means that they can be put in front of the sentence, thereby causing inversion (see chapter 1). Unlike adjectives, from which adverbs are often derived, adverbs do not change their form.

's Morgens eet ik altijd brood.	I always eat bread in the morning.
De baby slaapt bijna.	The baby is almost asleep.
Ik herinner me het levendig.	I remember it vividly.

Adverbs of degree and intensifying adverbs are often used in combination with another adverb.

Ik vind het te warm.	I find it too hot.
Ze kleedt zich erg sexy.	She dresses very sexily.
De baby slaapt bijna nooit.	The baby hardly ever sleeps.

A list of frequently used adverbs can de found in appendix 3.

3.7 Possessive pronouns

mijn   **my**

Possessive pronouns are used to indicate that the object they refer to is in someone's possession. This chapter shows how to make a possessive in several ways.

3.7.1 The possessive pronoun

mijn vriend   **my friend**

Possessive pronouns are not inflectable, except for *ons* / *onze*: this possessive follows the rules given for the adjective.

personal pron. subj. form	personal pron. obj. form	possessive pronoun	independant pronoun
ik	mij / me	mijn	mijne
je (jij)	jou / je	jouw / je	jouwe
u	u	uw	uwe
hij	hem	zijn	zijne
ze (zij)	haar	haar	hare
het	het	zijn	zijne
we (wij)	ons	ons / onze	onze
jullie	jullie	jullie	
ze (zij)	hun	hun	hunne

Is dit jouw jas?	Is this your coat?
We doen het op onze manier.	We do it our way.
Heb je ons adres wel?	You do have our address?

3.7.2 The *van*-construction

een vriend van mij   **a friend of mine**

Use the *van*-construction with the object form of the personal pronoun.

Is deze jas van jou?	Is this coat yours?
Dit huis is groter dan dat van ons.	This house is bigger than ours.

3.7.3 The independent use of the possessive

de jouwe   **yours**

As in English, Dutch possessives can be used independently. Then an -*e* is added to the possessive pronoun and a definite article is used:

Van wie is die jas?	Whose coat is that?
Dat is de mijne.	That is mine.

Maria's buurman   **Maria's neighbour**

If you want to use the name of a person in a possessive construction, simply add an -*s* to that name. Dutch never has two of the same consonants at the end of a word. Names ending in -*s* (and names of foreign origin ending in -*z* or -*x*) therefore get an apostrophy instead. Names that end in an open vowel (-*a*, -*i*, -*o*, -*u*, -*y*) are followed by -'*s*. The apostrophy guarantees that the preceding vowel is pronounced long.

Wanneer is Johns verjaardag?   When is John's birthday?
Hans' kamer is te huur.   Hans' room is for rent.
Mario's accent is bijna weg.   Mario's accent is almost gone.

Exercise   **16**

Fill in.

1 Dat is .... hoed. (ik)
2 We gaan vanavond naar .... verjaardag. (hij)
3 Heb je .... paspoort al? (jij)
4 .... vriendin gaat vanavond naar de film. (Peter)
5 .... pen ligt op tafel. (Anja)
6 Waar zijn .... boeken? (jullie)
7 Wat is .... lievelingssport? (u)
8 We gaan met .... auto. (zij)
9 Dit zijn .... ouders. (Nienke)
10 .... brommer maakt veel lawaai. (Alex)

3.8   Interrogatives

Wat zeg je?   **What are you saying?**

Interrogatives introduce questions. They usually take the first position in the interrogative sentence.

Wie

Wie zegt dat?   Who says so?

The interrogative *wie* refers to persons only. It can be used with or without a preposition.

a   *Wie* without preposition

Wie is used for persons, in singular as well as in plural.

Wie loopt daar?	Who is walking over there?
Wie heb je gezien?	Who(m) have you seen? / Who did you see?

b   *Wie* with preposition

Wie can be used in combination with a preposition; place the preposition in front of it.

Met wie gaan jullie op vakantie?	Who(m) are you going on a holiday with?
Van wie is dit broodje?	Whose sandwich is this?
Over wie heb je gedroomd?	Who did you dream about?

■ 3.8.2   Wat

Wat doe je?   What are you doing?

a   *Wat* without preposition

Wat is used for things. In most cases it is like the English what.

Wat zeg je?	What are you saying?
Wat betekent dat?	What does that mean?

b   *Wat* with preposition

Wat changes into *waar*, whenever you combine it with a preposition. Put the preposition at the end of the sentence or, if the sentence contains more than one verb, before the last verb(s).

| Waar denk je aan? | What are you thinking of? |
| Waar heb je over gedroomd? | What did you dream about? |

Welk(e)

Welke dag van   **Which day of the week is it?**
de week is het?

Welk(e) is often used attributively, i.e. before a noun. It is similar to which or what.
Regard *welk(e)* as an adjective: add an *-e* to it unless it is used before a neuter, singular noun.

Welk programma vind je het leukst?	What programme do you like most?
Welke programma's vind je leuk?	Which programmes do you like?
Welke trein neem je?	Which train do you take?
Welke kies je?	Which one do you choose?

3.8.4   Other interrogatives

Waarom?   **Why?**

There is another group of words introducing a question: interrogative adverbs. They cannot be inflected and must be placed at the beginning of the sentence.

Waarom gaat Kitty niet met de trein?	Why doesn't Kitty go by train?
Wanneer kom je thuis?	When are you coming home?
Waar ligt Groningen?	Where is Groningen situated?
Hoe kom ik in Groningen?	How do I get to Groningen?

Hoe can be extended in many ways:

Hoe lang	How long
Hoe ver	How far
Hoe groot	How big
etcetera	

a Correct the word order of the sentence. Start with the subject.
b Make a question using an interrogative instead of the underlined part of the sentence.

Example:

de trein naar Groningen / over vijf minuten / vertrekt
a De trein naar Groningen vertrekt over vijf minuten.
b Hoe laat / wanneer vertrekt de trein naar Groningen?

1 in de vakantie / Karina / graag / fietst
2 dit jaar / gaat / naar België / ze
3 met de auto / gaat / ze / waarschijnlijk
4 ze / alleen / gaat
5 gaat / naar de Ardennen / ze
6 ze / daar / blijft / twee weken
7 daar / haar vriend / woont
8 een week / logeren / ze / gaat / bij hem
9 dat / vindt / ze / heel leuk
10 ze / vaak / aan hem / denkt

3.9   Mixed exercises Chapter 1, 2, 3

Translate.

1 A lot of men are going to the concert tonight.
2 Where does your eldest brother live?
3 Which book is yours?
4 He knows Harry's sister.
5 We prefer to drink black coffee.
6 This classical music is simply better than your loud music.
7 She does not swim very often.

8 We do not have a computer game.
9 The little chairs are in the largest room.
10 In the quiet park he makes a lot of noise.

Exercise 19

Improve the sentence, where necessary.

1 Het kleinst vogeltje pikt vlug alle de broodkruimels.
2 Dag mijnheer, hoe gaat het met u vrouw?
3 Wie ziet hier ergens die groen jas van ik?
4 Aan u rechtse hand u ziet het gebouw van de Tweede Kamer.
5 Die man zit elke avond aan dezelfde tafeltje.
6 's Avonds zij loopt geen graag op straat.
7 In welk straat de tandarts woont?
8 In Nederland leven papegaais alleen in kooien.
9 Sommige mensen eten elke dag aardappels.
10 Een kleine vuurtje veroorzaakt een groote brand.

CHAPTER 4

Verbs

Verbs can be used in many ways, in Dutch as in English. This chapter looks into some aspects of verbs. E.g. the simple past and perfect tense of regular and irregular verbs, the infintive, the future tense, the passive voice and the (in)separability of verbs.

4.1   Regular verbs: simple past and perfect tense

The rules for the regular present tense have already been explained in chapter 2. For the past and perfect tense a distinction has to be made between regular and irregular verbs. Regular verbs do not change the vowel in the past and / or in the perfect tenses. The rules for the conjugation of this type of verb will be explained in section 4.1.1 and 4.1.2.

Most irregular verbs have a change of vowel; the rules for their conjugation are given in section 4.2. You can find a list of the most commonly used irregulars in appendix 4.

4.1.1   Regular verbs: past tense

Ik antwoordde.   I answered.

The simple past is not very often used in Dutch. It is used for:
- *a* descriptions,
- *b* habits and
- *c* narrating a series of events in the past.

Examples

a Het was een klein huis met mooie kamers.	It was a small house with beautiful rooms.
b Elke ochtend werkte hij een paar uur.	Every morning he worked for a couple of hours.
c Ze fietste naar huis, douchte een uur en droogde zich af.	She cycled home, showered for an hour and dried herself.

Follow the steps below to form a past tense:

1 Make the stem of the verb (see chapter 2): *fiets*; *antwoord*.

2 Look at the last letter of the stem: *s*; *d*.

3a If the stem ends in one of the voiceless consonants -*t*, -*k*, -*f*, -*s*, -*ch*, -*p*:
Add -*te* to the stem in the singular: *ik fietste*.
Add -*ten* to form a plural: *we fietsten*.

b If the stem has another ending:
Add *-de* to the stem in the singular: *je antwoordde*.
Add *-den* to form a plural: *jullie antwoordden*.

Note:
Verbs ending in *-ven* or in *-zen* have a stem ending in *-f* or *-s* (see section 3.1.2). Yet the past tense is formed by adding *-de(n)* to the stem in the past tense.

| reizen | (to travel) | ze reisde |
| beloven | (to promise) | ik beloofde |

Regular verbs: perfect tense

We hebben gefietst. We have cycled.

The perfect tense is used to indicate that the event took place in the past. This tense is used more frequently than the simple past.
The perfect tense consists of a form of *hebben* or *zijn* and a past participle. The participle is formed by the stem of the verb preceded by the prefix *ge-* and followed by *-d* or *-t*. If the last letter of the stem is a voiceless consonant (*t, k, f, s, ch, p*), the stem is followed by a *-t*. If the last letter is different, the stem is followed by a *-d*.

Rule
ge- + stem + *-d / t*

Example
infinitive: *fietsen*
past participle: *ge-* + *fiets* + *-t* → *gefietst*

Note
Verbs ending in *-ven* or *-zen* have a stem ending in *-f* or *-s*. Yet the past participle is formed by adding *-d* to the stem.

| reizen | hij heeft gereisd |
| beloofd | ze hebben beloofd |

Verbs with unstressed prefix

we hebben ontdekt **we have discovered**

Some verbs already contain a prefix. If this prefix is unstressed (in general: *be-, ge-, her-, ont-, ver-*), the past participle is not preceded by *ge-*.

Examples
ont*moe*ten (to meet)

Wij hebben ze op een feest ontmoet.	We met them at a party.

be*lo*ven (to promise)

Hij heeft me een etentje beloofd.	He promised me dinner.

her*ha*len (to repeat)

Ze heeft het net herhaald.	She has just repeated it.

ver*tel*len (to tell)

Ik heb een verhaaltje verteld.	I have told a story.

ge*lo*ven (to believe)

Je hebt niks geloofd.	You did not believe a thing.

The use of *hebben* en *zijn* in the perfect tense

ik ben geweest **I have been**

Most of the verbs in the perfect tense require the auxiliary *hebben*. A few frequently used verbs that need *zijn* are:

zijn	(to be)	ik ben geweest
komen	(to come)	ik ben gekomen
gaan	(to go)	ik ben gegaan
blijven	(to stay)	ik ben gebleven
worden	(to become)	ik ben geworden
beginnen	(to start)	ik ben begonnen

Furthermore there are some verbs that express movement. They can carry both *hebben* en *zijn*. If a direction is indicated you use *zijn*, otherwise *hebben*:

Hij is naar het park gelopen.   He has walked to the park.
Hij heeft in het park gelopen.   He has walked in the park.

Exercise   **20**

Give the past tense or a past participle.

1 Het kind . . . . . . in de koektrommel. (graaien)
2 Gisteren . . . . . . ik hem. (ontmoeten)
3 We . . . . . . een verlaten hotel. (ontdekken)
4 Ik . . . . . . dat ze zich . . . . (geloven; vergissen)
5 Hij heeft niet op mijn verzoek . . . . (reageren)
6 Ik heb het altijd wel . . . . (zeggen)
7 Waarom heb je me niets . . . . . .? (vertellen)
8 Hij heeft de vaas van de kast . . . . (pakken)
9 De tv-serie wordt in de zomer . . . . (herhalen)
10 De directeur . . . . . . met zijn vuist op tafel. (bonzen)

4.2   Irregular verbs: simple past and perfect tense

It is not possible to give explicit rules about the construction of the irregular past and perfect tense. A list of irregular verbs can be found in appendix *4*.

An irregular past and / or perfect tense is often characterized by a change of the vowel in the stem.
All persons singular have the same form, just like all persons plural. The plural is generally formed by adding -*en* to the singular.
The past participle usually ends in -*en* instead of -*d* or -*t*, and is preceded by *ge*-, provided the verb does not begin with an unstressed prefix.

	stem	*past singular*	*past plural*	*perfect*
lopen (to walk)	loop	liep	liepen	gelopen
beginnen (to start)	begin	begon	begonnen	begonnen
nemen (to take)	neem	nam	namen	genomen

A small group of irregular verbs have a regular past tense, but an irregular perfect (see also appendix *4*):

	stem	*past singular*	*past plural*	*perfect*
bakken (to bake)	bak	bakte	bakten	gebakken

Finally a few irregular verbs do not only have vowel changes, but they change completely. The auxiliaries of time are the most important ones:

	stem	*past singular*	*past plural*	*perfect*
zijn (to be)	ben	was	waren	geweest
hebben (to have)	heb	had	hadden	gehad

Exercise 21

Put in the past and perfect tense. Use the list in appendix *4*.

1 Hij drinkt een glas water.
2 Ze gaan elk jaar op vakantie.
3 De spiegel valt op de grond.
4 Hij schrijft een brief naar een vriend.
5 We lopen naar de stad.
6 Hij is bewaker in het museum.

4.3 The infinitive

slapen　　　　　**to sleep**

In Dutch a limited number of verbs can be combined with an infinitive. For some verbs the infinitive needs to be preceded by *te*. In this section we will point out in what cases this will or will not happen.

4.3.1 Infinitive without *te*

Hij is aan het lezen. He is reading.

One situation in which *te* does not precede an infinitive is if it is indicated that a certain action is still going on. Then the construction *zijn* + *aan het* + infinitive is used, which is comparable to the present continuous in English:

Ik ben aan het schaken.　　　　　I am playing chess.

Some verbs are very often used in combination with an infinitive but are not preceded by *te*:

gaan	Ik ga het proberen.	I am going to try (it).
komen	We komen morgen eten.	We will come to dinner tomorrow.
blijven	Ze blijven maar komen!	They keep coming!
laten	Laten we gaan.	Let us go.
voelen	Hij voelt de mug prikken.	He feels the mosquito bite.
horen	Ik hoor haar zingen.	I hear her singing.
zien	Ze ziet hem lopen.	She sees him walking.

The same is applicable to the modal verbs, which will be discussed in section 4.5.

Hij zit te lezen.   He sits and reads.

a   To indicate in Dutch that two things are happening at the same time, the first verb has to be conjugated and the infinitive of the other verb has to be used, preceded by *te*.

De jas hangt te drogen aan de lijn.   The coat is drying on the line.

Only a few verbs can be used in a combination like this: *staan* (to stand), *zitten* (to sit), *liggen* (to lie), *lopen* (walk) and *hangen* (to hang).

b   *Om* + *te* + infinitive is used to indicate a goal (see also section 5.2).

Ze eet veel knoflook om de tand-   She eats a lot of garlic to tease her
arts te pesten.   dentist.

c   A number of verbs require *te*:

Ik probeer het nog een keer te   I am trying to do it once again.
doen.

In appendix 5 a list is printed of the most important verbs that use an infinitive preceded by *te*.

Exercise   22

Correct (if necessary) the following sentences.

1 Ik ga naar de markt om bloemen kopen.
2 Goede vrienden van mij komen morgen te logeren.
3 Hij staat luidkeels onder de douche te zingen.
4 Het zal nog dagen blijven te regenen.
5 Ze zit alweer in dat boek te lezen.
6 We zijn al de hele avond aan het kaarten.

4.4 The future tense

Ik ga een boek kopen.   **I am going to buy a book.**

In Dutch there are a few ways to construct a future tense. The commonest way is to use the verb *gaan* (to go) and, if needed, an infinitive:

Hij gaat volgende week op vakantie.	He will go on a holiday next week.
Ik ga morgen planten kopen.	I am going to buy some plants to-morrow.

Exercise 23

Put the sentences in the future tense. Start with the given constituent of time.

1 Jan fietst naar de stad. (morgen)
2 Het onweert. (vanavond)
3 Ik maak een foto. (straks)
4 Ze werkt. (volgende week)
5 Ik geef de planten water. (nu)
6 We zwemmen in het meer. (vanmiddag)

4.5 The modal verbs

ik kan	I can
ik mag	I may
ik moet	I must
ik zal	I shall
ik wil	I want

Modal verbs are irregular, in the present and / or in the past tense. A list of the conjugated modal verbs will be found in appendix 1. If a modal verb is combined with another verb, the other verb always is an infinitive. As mentioned before (section 4.3.1) those infinitives are not preceded by *te*:

kunnen (can: possibility; to be able to)

Ik kan niet fietsen.	I cannot cycle.

kunnen (can: request)

Kun je even hier komen?	Could you come here for a moment?

mogen (to be allowed to: permission)

Je mag hier geen lawaai maken.	You are not allowed to make noise in here.

moeten (to have to: obligation)

Hij moet zijn huiswerk afmaken.	He has to finish his homework.

zullen (shall: suggestion)

Zullen we koffie gaan drinken?	Shall we have a cup of coffee?

zullen (will: promise)

Ik zal je helpen.	I will help you.

willen (to want: wish)

Ik wil je niet meer zien.	I do not want to see you anymore.

In a lot of sentences with a modal verb the infinitive has been left out. It seems that those sentences do not have an infinitive. In the examples these 'silent' infinitives are placed between brackets.

Mag je weg (gaan)?	Are you allowed to go?
Mag ik een koekje (hebben)?	Can I have a cookie?
Ik moet weg (gaan).	I have to go.
Wil je thee (hebben)?	Would you like a cup of tea?

Exercise 24

Translate.

1 Can I use your phone?
2 Can I have another cup of tea?
3 Shall we go to a movie?
4 I have to go to the supermarket.
5 Can you come over tonight?
6 Am I allowed to smoke in here?

▨ 4.6 Replacements of *zijn*

Het geld zit	**The money is**
in de portemonnee.	**in the purse.**

The verb *zijn* has a very neutral meaning. The verbs *staan*, *liggen* and *zitten* give more information. In English they are often translated by *to be*, while *zetten*, *leggen* and *stoppen* or *doen* are equivalent to *to put* (*upright, down*, or *in*).

staan: the result of *zetten*; used for objects in a vertical position.
liggen: the result of *leggen*; used for objects in a horizontal position.
zitten: the result of *stoppen* or *doen*; used for objects in a limited amount of space.

Examples

'Heb jij de vuilniszak buiten gezet?'	'Ja, hij staat al op de stoep.'
'Iemand heeft de krant ergens anders gelegd.'	'Ligt hij niet op de tafel?'
'Ik heb mijn paspoort in de tas gedaan / gestopt.'	'De mijne zit in mijn jaszak.'

Exercise ▪ 25

Fill in.

1 Het schip ... in het water.
2 Om de tafel ... vier stoelen.
3 Bij een barbecue ... men vlees of vis op een heet rooster.
4 In de kom ... drie goudvissen.
5 Op de houten vloer ... dikke tapijten.
6 De hond ... in zijn mand.

▨ 4.7   The passive voice

Dat wordt gezegd.   **That is (being) said.**

The passive voice is used to emphasize an object or action instead of a subject. Therefore the object of the active sentence becomes the subject of a passive sentence. The thing or person that performs the action is not important in the passive voice:

Active: De man slaat de hond.   The man hits the dog.

Passive: De hond wordt geslagen   The dog is hit (by the man).
(door de man).

Usually the passive is formed by a conjugated form of the verb *worden*. The passive form has four tenses:

1   Present
Active: De agent arresteert de man.
Passive: De man wordt gearresteerd.   The man is (being) arrested.

2   Simple past
Active: De agent arresteerde de man.
Passive: De man werd gearresteerd.   The man was arrested.

3   Present perfect
Active: Hij heeft de man gearresteerd.
Passive: De man is gearresteerd (geworden).   The man has been arrested.

4   Past perfect
Active: Hij had de man gearresteerd.
Passive: De man was gearresteerd (geworden).   The man had been arrested.

In the last two cases *geworden* is put between brackets to show that *worden* still is there. But it is not considered grammatically correct to actually use the verb.

Put the following sentences in the passive form:

1 De timmerman repareert de vensterbank.
2 De politie sleept de auto naar de garage.
3 Hij feliciteerde haar met haar verjaardag.
4 De dokter heeft haar behandeld.
5 Mijn broer brengt me naar het station.
6 Niemand waarschuwde me.

4.8 Separable and inseparable verbs

A number of verbs have prefixes. These prefixes can be *be-*, *ge-*, *her-*, *ont-* and *ver-* (see also section 4.1.3). These compound verbs can never be separated.
Other compound verbs have either a preposition or an adverb as a prefix. Some of those verbs are separable, others are not. Compound verbs are conjugated the same way the original verbs are. For instance, the verbs *gaan* (to go), *doorgaan* (to continue), *uitgaan* (to go out) do all have the same irregular past tense.

4.8.1 Separable verbs

Ik bel je morgen op.   **I will ring you tomorrow.**

Most of the verbs that start with a preposition or adverb are separable. Separable verbs are charactarized by a stressed prefix. Take the following rules into account:

1*a* In a main clause the finite verb keeps the normal position and the prefix shifts to the end of the sentence.
1*b* In a sub-clause (section 5.2) prefix and finite verb stay together.

2 When the participle is formed, *-ge-* is put between the prefix and the verb.

3 Whenever *te* is needed, it is placed between the prefix and the verb.

---

*op*bellen (to call)

1*a* Hij belt op.
1*b* Ik hoop dat hij vanavond opbelt.

2 Hij heeft opgebeld.

3 Hij probeerde op te bellen.

*binnen*komen (to come in)

Ze komt binnen.
Ik hoor dat ze binnenkomt.

Ze is binnengekomen.

Ze probeert binnen te komen.

4.8.2 Inseparable verbs

We ondersteunen het idee.   We support the idea.

Inseparable verbs are charactarized by an unstressed prefix. A few of these verbs have already been discussed in section 4.1.3. Other inseparable verbs are harder to distinguish. They have an adverb or preposition as a prefix. When a participle is formed the stem is not preceded by *ge-* (like *ontmoeten*, *beloven* etc., see section 4.1.3):

voor*ko*men (to prevent)

Je voorkomt een ongeluk.
Je hebt een ongeluk voorkomen.
Je probeert een ongeluk te voorkomen.

over*leg*gen (to consult / consider)

Hij overlegt met haar.
Hij heeft met haar overlegd.
Hij probeert met haar te overleggen.

Fill in the verb. Decide if you have to separate the verb and if so, where to put the prefix.

1 Ze . . . . . . vanavond. (*op*bellen)
2 . . . . . . ! (*bin*nenkomen, imperative)
3 Je moet dit even . . . . (*op*schrijven)
4 We willen eerst . . . . (over*leg*gen)
5 In dit café hebben ze elkaar . . . . (ont*moe*ten)
6 Ik hoorde dat het concert morgen niet . . . . (*door*gaan)

4.9 Mixed exercises Chapter 4

Translate.

1 They are swimming in the blue lake. (zwemmen)
2 She did everything to get the job. (doen, krijgen)
3 My friend has travelled in many countries. (reizen)
4 His daughter sits and reads a newspaper. (zitten; lezen)
5 I have been called by the secretary. (*op*bellen)
6 We met her at my sister's birthday. (ont*moe*ten)
7 She painted the whole room in one afternoon. (verven)
8 He forgot to switch off the light. (ver*ge*ten; *uit*doen)
9 She hesitated to come in. (aarzelen; *binnen*komen)
10 I was invited to come to his party. (*uit*nodigen, komen)

Use a modal verb or a future tense.

1 I want to tell you a little story.
2 Tomorrow I will buy some flowers in the market.
3 You are not allowed to eat in the morning.
4 Next week my friends will come to help me with my new house.
5 You have to be home at seven to eat.
6 She could not discover the hole in the roof.

CHAPTER 5

Complex sentence-structure

Sentences can be extended by the use of conjunctions. The Dutch language has two kinds of conjunctions:

a *conjunctions that join a main clause to another main clause: coordinating conjunctions.*

b *conjunctions that join one or more sub-clauses to a main clause: subordinating conjunctions.*

It is important to make a distinction between a main clause and a sub-clause. Main clauses are independent, they form complete sentences on their own. Sub-clauses can never stand alone. Furthermore main clauses and sub-clauses have a different word-order. To make this clear the finite verb will be underlined in the examples in the sections 5.1 and 5.2.

5.1   Main clause + main clause

In short a main clause is characterized by the following:
1. Subject and finite verb are inseparable. The finite verb comes second in the affirmative sentence, directly before or after the subject (see chapter 1).
2. Inversion takes place whenever the main clause does not begin with the subject.

The three most important coordinating conjunctions are:

Coordinating conjunction	Function
en (and)	summing up
maar (but)	contradicting
want (because / for)	giving reason, cause

De zon scheen de hele dag en de kinderen hebben de hele tijd buiten gespeeld.	The sun shone all day long and all the time the children were playing outside.
Na drie dagen kwam hij weer thuis, maar hij had geen vis gevangen.	After three days he came home again, but he had not caught any fish.
De stad moest herbouwd worden, want door de aanhoudende bombardementen was alles verwoest.	The city had to be rebuilt, because everything had been destroyed due to the continuous bombardments.

5.2   Main clause - conjunction - sub-clause; Conjunction - sub-clause - main clause

There is no sub-clause without a main clause. Sub-clauses modify the message of the main clause; they compare, contradict, give a cause, a reason etc.
Sub-clauses have their own rules as regards the word-order:
1. A sub-clause always begins with a (subordinating) conjunction.
2. Subject and finite verb are separated; the subject takes position after the conjunction and all verbs move to the end of the sub-clause.
3. Inversion never occurs.
   In chapter 1 the rules for inversion have been set. Inversion occurs whenever a main clause does not begin with the subject.

Consequently subject and finite verb also change places when a sentence begins with a sub-clause.

Example

Ik koop een auto, zodra ik mijn rijbewijs heb gehaald.
Zodra ik mijn rijbewijs heb gehaald, koop ik een auto.
As soon as I pass my driving test, I will buy a car.

Below a classified list is given of the most common subordinating conjunctions.

5.2.1 Conjunctions of time

als / wanneer
Ik zal je roepen, als / wanneer het eten klaar is.
I will call you, when dinner is ready.

toen
Toen hij op de markt liep, werd hij benaderd door een kennis.
When he was walking in the market, he was approached by a friend.

terwijl
Terwijl zij met haar troetelhondje op het bordes stond, stuurde Jason de limousine de vijver in.
While she was standing on the steps with her pet dog, Jason steered the limousine into the pond.

tot(dat)
Karel danste met Kitty, tot(dat) ze op zijn tenen ging staan.
Karel danced with Kitty, until she stepped on his toes.

voor(dat)
Verkoop de huid niet, voor(dat) je de beer geschoten hebt.
Do not count your chickens before they are hatched.

nadat
Nadat ze gegeten hadden, maakten ze een lange wandeling.
After they had eaten, they went for a long walk.

sinds
Ik <u>heb</u> hem niet meer gezien, sinds hij op het platteland <u>woont</u>.
I have not seen him since he went to live in the country.

zolang (als)
Je <u>kunt</u> hier blijven zolang (als) je <u>wilt</u>.
You can stay here as long as you like.

nu
Nu ik werk gevonden <u>heb</u>, <u>sta</u> ik iedere ochtend vroeg op.
Now that I have found a job, I get up early every morning.

5.2.2 Conjunctions of cause, reason and result

The difference between cause and reason is so subtle, that even the Dutch themselves get mixed up. Officially the result of a cause is an inevitable, automatic one, whereas the result of a reason is brought about by a human decision.

doordat (cause)
Hij viel de kamer binnen, doordat hij over de drempel <u>struikelde</u>.
He fell into the room, because he tripped over the doorstep.

omdat (reason)
Omdat het al erg laat <u>was</u>, <u>besloot</u> hij niet te ontbijten.
Since it was very late already, he decided not to have breakfast.

zodat (result)
Ik <u>zal</u> het eens tekenen, zodat je het <u>kunt</u> zien.
I will draw it so you can see what I mean.

5.2.3 Conjunctions of condition

als / indien / wanneer
Als / indien / wanneer het morgen mooi weer <u>is</u>, <u>kunnen</u> we wel gaan zwemmen in het meer.
When / if the weather is fine tomorrow, we could go swimming in the lake.

tenzij
Ibrahim <u>gaat</u> niet met ons mee, tenzij hij een dag vrij <u>kan</u> krijgen.
Ibrahim will not come with us, unless he can get a day off.

5.2.4 Conjunctions of comparison

zoals
Ze <u>bakt</u> appeltaart zoals haar moeder het haar geleerd <u>heeft</u>.
She bakes apple pie like her mother taught her.

alsof
Hij <u>keek</u>, alsof hij nog nooit zoiets gezien <u>had</u>.
He looked as if he had never seen such a thing before.

5.2.5 Conjunctions of purpose

om . . . te + infinitive
De moordenaar <u>gebruikte</u> een das om zijn slachtoffers te wurgen.
The murderer used a tie to strangle his victims.

5.2.6 *Dat* as a conjunction

Dat equals the English conjunction *that*. In Dutch however it cannot be omitted.

dat
Iedereen <u>weet</u> dat onze president van honden <u>houdt</u>.
Everybody knows our president likes dogs.

Exercise 30

Choose the correct conjunction.

1 Heb je haar nog gevraagd, toen / wanneer ze bij ons langs komt?
2 Ik denk dat ik naar huis ga, want / omdat ik heb nog veel te doen.
3 's Zomers wordt het later donker, zodat / doordat we langer in de tuin werken.
4 Zoals / Als je met ons mee wilt, moet je om zes uur hier zijn.
5 Ik heb gehoord, dat / hoewel chemische fabrieken het water van de Rijn vervuilen.
6 Toen / Als het avond werd, reden we Frankrijk binnen.

Exercise 31

Change the order of sub-clause and main clause.

Example
Hij had een rothumeur doordat hij slecht geslapen had.
Doordat hij slecht geslapen had, had hij een rothumeur.

1 De directeur hield een lange toespraak, hoewel niemand er naar luisterde.
2 Nu ik naar de tandarts ben geweest, durf ik weer appels te eten.
3 Als je dat wilt, kun je blijven eten.
4 Toen ze klein was, at ze het behang van de muur.
5 Meneer Talens zette zijn paraplu op omdat het heel hard begon te regenen.
6 Voordat ze getrouwd was, kwam ze regelmatig bij ons langs.

Exercise 32

Make a complex sentence using the conjunction given.

1 *als*   De muziek is goed. Je gaat vanzelf bewegen.
2 *maar*   Ik heb zin om vanavond uit te gaan. Ik heb geen geld.
3 *doordat* Kitty werd wakker. De radio stond hard aan.
4 *want*   Ik vind hem niet aardig. Hij doet alles stiekem.
5 *dat*   De minister-president vindt dat. Het aantal werklozen in Nederland is erg hoog.
6 *sinds*   Ze gebruikt de pil. Ze vrijt met meer plezier.

5.3 Relative sub-clauses

A relative sub-clause is often related to a noun or a nominal word group standing in front of it, called the antecedent. The verb follows the rules given for all other sub-clauses: it should be placed at the end.

5.3.1 Relative pronouns

Dutch has three relative pronouns:

1 *die* (that / which / who)
  Die is used for masculine and feminine nouns, and for all plurals.

2 *dat* (that / which)
  Just as in the case of the demonstrative, *dat* is used for neuter singular nouns.

3 *wat* (that)
  Wat is used after these words:

alles	everything
veel	much / many / a lot
iets	something
weinig	few
niets	nothing.

  Examples

  De man die ik gesproken heb, wist van niets.
  The man (whom) I have spoken to, knew nothing about it.

  Ik hou(d) van de verhalen die mijn opa vroeger vertelde.
  I love the stories (that) my grandfather used to tell.

  Het mooiste van de kerk is het orgel dat u nu hoort.
  The nicest thing about the church is the organ (that) you are hearing now.

  Hij kijkt naar alles wat over zijn geboorteland wordt uitgezonden.
  He watches everything that is being broadcast about his native country.

Independent relative pronouns do not refer to an antecedent, they can stand on their own. Dutch has two of them:

1   *wie* (who)
2   *wat* (what).

Wie dat zegt, is gek.	Who(ever) says that is crazy.
Ik weet niet wat u bedoelt.	I do not know what you mean.

Wat can also refer to a whole sentence:

Hij stuurde me een foto, wat ik heel leuk vond.	He sent me a picture, which I appreciated very much.

Exercise   **33**

Fill in *die / dat / wie / wat*.

1 Ik weet niet . . . je bedoelt.
2 Luister niet naar haar. Ze weet niet . . . ze zegt.
3 Let op de vrouw . . . aan het tafeltje voor het raam zit.
4 Is dat alles . . . je te zeggen hebt?
5 . . . het eerst door de bocht komt, is de winnaar.
6 Het verhaal . . . jullie ons gisteren vertelden, blijkt niet te kloppen.
7 Alle kamers . . . aan de voorkant liggen, hebben uitzicht op zee.
8 De motor . . . voor de deur staat, is van de dokter.
9 . . . het weet, mag het zeggen.
10 Ze woont in een huis . . . twee keer zo groot is als dat van ons.

5.3.3   Relative pronouns with preposition

Verbs are often combined with a preposition. In a relative sub-clause this has consequences for the relative pronouns as regards their place in the clause and their form.

a   In case of persons

The relative pronoun *die* changes into *wie*, when combined with a preposition.

The independent relative pronoun *wie* stays unchanged.

spreken met
De man met wie ik gesproken heb, wist van niets.
The man I spoke to, knew nothing about it.

Met wie ik gesproken heb, gaat jou niet aan.
Who(ever) I spoke to, is of no concern to you.

geven aan
Ik heb de vrouw gezien, aan wie jij bloemen hebt gegeven.
I have seen the woman to whom you gave flowers.

b In case of things, objects

In combination with a preposition the relative pronoun changes into *waar* + preposition. The preposition may form one word with *waar*, but it is often placed before the last verb.
Note that *met* changes into *mee*.

dreigen met
Het mes, waarmee de jongen dreigde, was scherp. / Het mes, waar de jongen mee dreigde, was scherp.
The knife, with which the boy threatened, was sharp.

kijken naar
Dat is het programma waarnaar ik elke week kijk. / Dat is het programma waar ik elke week naar kijk.
That is the programme I watch every week.

zitten op
De stoel waarop jij zit, is in de jaren vijftig gemaakt. / De stoel waar jij op zit, is in de jaren vijftig gemaakt.
The chair you are sitting on, was made in the fifties.

Exercise 34

Translate.

1 *luisteren naar*   That is the programme I always listen to.
2 *dromen over*   The world you are dreaming about does not exist.
3 *samenwonen met* The woman he is living with, is 20 years older.

4	*denken aan*	The word I am thinking of has five letters.
5	*houden van*	The man I love has two gold teeth.
6	*stemmen op*	The candidate I am going to vote for, has wonderful eyes.
7	*bang zijn voor*	They do not want to tell us what they are afraid of.
8	*omgaan met*	I do not like the persons you are having contact with.
9	*wachten op*	This morning he received the letter he had been waiting for.
10	*vertellen over*	I have been to the island you told me about.

▨ 5.4 *Er*

The main function of *er* is to replace a nominal word group. It prevents unnecessary repetition of words.

a *Er* as an adverb of place

In this case *er* is the unstressed equivalent of *daar*, the English *there*. In main clauses its place is directly behind the finite verb, in questions and sub-clauses behind the subject.

'Ben je wel eens in Spanje geweest?' 'Nee, ik ben er nooit geweest.'
'Have you ever been in Spain?' 'No, I have never been there.'
'Ik weet zeker dat ik er nog nooit geweest ben.'
'I am positive I have never been there before.'

b *Er* in combination with numerals and adverbs of quantity

Er replaces a noun or a nominal word group. It takes the same position in the sentence as the adverb of place.

'Heb je nog glazen?' 'Ja, ik heb er nog tien.'
'Have you got any glasses left?' 'Yes, I have got ten.'

Other combinations:

Ik heb er veel.	many (of them)
Ik heb er geeneen.	none (of them)
Ik heb er een heleboel.	lots (of them)
etcetera	

c *Er* in combination with a preposition

In combination with a verb with a (set) preposition *er* replaces a noun or nominal word group: *lachen om, dromen over*, etc.

The preposition is usually separated from *er*. The preposition then goes to the end of the sentence, but is always placed before the last verb(s).
Note that *er* only refers to things, never to persons.

lachen om
We moesten er hard om lachen.
We had a good laugh about it.

vertellen over
Opa heeft er veel over verteld.
Grandfather told a lot about it.

denken aan
Het spijt me, ik heb er niet meer aan gedacht.
I'm sorry, I have not given it a thought anymore.

Several prepositions change in the combination with *er*:

met	→	mee
naar (in case of a direction)	→	heen / naartoe
tot	→	toe

spelen met
'Waar is de wekker?' 'De hond speelt ermee.'
'Where is the alarm clock?' 'The dog is playing with it.'

gaan naar
'Hoe laat ga je naar de markt?' 'Ik ga er vandaag niet heen.'
'What time are you going to the market?' 'I am not going there today.'

d   *Er* with an indefinite subject

When the subject has no article or the indefinite article *een*, *er* is used at the beginning of the sentence.

Er is een v v v in elke grote plaats in Nederland.
In Holland every large town has a tourist information office.

Hij verloor zijn portemonnee doordat er een gat in zijn jaszak zat.
He lost his wallet because there was a hole in his coat pocket.

e   *Er* in passive constructions

Er is often used at the beginning of a passive sentence without a subject. It then gives the sentence a generalizing character.

Er werd druk gediscussieerd over moderne kunst.
There was a lot of discussion on modern art.

Exercise   **35**

Improve the sentence, if necessary.

1   Er staat de tafel voor het raam.
2   Hebben jullie wel eens over nagedacht?
3   Er zijn veel mensen, die niet tegen hitte kunnen.
4   Ik ben het er niet met jullie eens.
5   Er werden strenge veiligheidsmaatregelen genomen.
6   Ik ben nooit er heen gegaan.

Exercise   **36**

Translate.

1   I often think about it.
2   We have swum there the whole afternoon.
3   Are there any trees in your street? Yes, there are many of them.
4   Have you seen that film on television? No, I did not watch it.
5   A truck is standing in front of him.
6   We never go there.
7   Is there no other way to get there?
8   I have read about it in a magazine.
9   Is there anything I can do for you?
10   There is a lot to be done yet.

Appendix 1 Conjugation of modal verbs and *hebben, zijn, komen*

Present	Past	Present	Past
kunnen (to be able to)		*komen* (to come)	
ik kan	ik kon	ik kom	ik kwam
je kunt	je kon	je komt	je kwam
u kunt	u kon	u komt	u kwam
hij kan	hij kon	hij komt	hij kwam
we kunnen	we konden	we komen	we kwamen
jullie kunnen	jullie konden	jullie komen	jullie kwamen
ze kunnen	ze konden	ze komen	ze kwamen
ik heb gekund (perfect tense)		ik ben gekomen (perfect tense)	
moeten (to have to)		*willen* (to want to)	
ik moet	ik moest	ik wil	ik wilde
je moet	je moest	je wil / wilt	je wilde
u moet	u moest	u wilt	u wilde
ze moet	ze moest	ze wil	ze wilde
we moeten	we moesten	we willen	we wilden
jullie moeten	jullie moesten	jullie willen	jullie wilden
ze moeten	ze moesten	ze willen	ze wilden
ik heb gemoeten (perfect tense)		ik heb gewild (perfect tense)	
mogen (to be allowed to)		*zullen* (shall)	
ik mag	ik mocht	ik zal	ik zou
je mag	je mocht	je zult	je zou
u mag	u mocht	u zult	u zou
hij mag	hij mocht	hij zal	hij zou
we mogen	we mochten	we zullen	we zouden
jullie mogen	jullie mochten	jullie zullen	jullie zouden
ze mogen	ze mochten	ze zullen	ze zouden
ik heb gemogen (perfect tense)		(no past participle)	

Present	Past	Present	Past
hebben (to have)		*zijn* (to be)	
ik heb	ik had	ik ben	ik was
je hebt	je had	je bent	je was
u hebt / heeft	u had	u bent	u was
hij heeft	hij had	ze is	ze was
we hebben	we hadden	we zijn	we waren
jullie hebben	jullie hadden	jullie zijn	jullie waren
ze hebben	ze hadden	ze zijn	ze waren
we hebben gehad (perfect tense)		we zijn geweest (perfect tense)	

Appendix 2 Prepositions

aan	Ik geef het boek aan jou.	to
	Het schilderij hangt aan de muur.	on
	Ik zit aan tafel.	at
achter	De tuin is achter het huis.	behind, at the back of
als	Hij behandelt ons als kinderen.	as, like
behalve	Ik heb alles in huis, behalve brood.	except
beneden	Beneden mij woont een bejaard echtpaar.	below, under
bij	Wij wonen bij het station	near, close to
	Ik heb mijn paspoort niet bij me.	with
binnen	Ik ben binnen een uur klaar.	within
boven	Boven ons woont een pianist.	above
	Deze film is voor boven de zestien.	older than
	Het wordt vandaag boven de 20 graden.	warmer than
buiten	Hij is buiten gevaar.	out of
	Zij woont buiten de stad.	outside
dankzij	Dankzij jou voel ik me weer beter.	thanks to
door	De leeuw sprong door de hoepel.	through
	Door de sneeuwstorm konden we niet verder.	because of
gedurende	Gedurende de winter staan de koeien op stal.	during
in	Opa zit graag in zijn eigen stoel.	in
	Gooi het maar in de prullenbak.	into
langs	Er staan bomen langs de grachten.	along
met	Ik werk al jaren met hem.	with
	Eén patat met (mayonaise), graag.	and
	Hij komt met de auto, met de trein of met de fiets.	by
	Kom je nog langs met Kerstmis?	at

na	Na het eten speel ik altijd een uurtje gitaar.	after
naar	Het vliegtuig vervoert bloemen naar Amerika. Je moet beter naar hem luisteren.	to
naast	Wij wonen naast de slager.	next to, beside
om	De winkel is om de hoek. Laten we om acht uur afspreken.	around at
ondanks	Ondanks het mooie weer had hij een dikke jas aan.	in spite of
onder	De hond ligt onder de tafel. Het schip vaart onder Panamese vlag.	under
op	Het boek ligt op tafel.	on
over	De inbreker klom over de muur. Hij is over de zeventig (jaar). Ik heb veel over je gehoord. De uitzending begint over twee minuten.	over past about in
per	Vroeger reisde men per koets.	by
rond	Rond het centrum liggen de grachten.	around
sinds	Ik heb ze sinds vorig jaar niet meer gezien.	since
te	Te middernacht kwamen de spoken. François woont te Parijs.	at in
tegen	Hij staat met de rug tegen de muur. Ze krijgt pillen tegen de koorts.	against
tegenover	Tegenover de kerk staat vaak een café.	opposite
tijdens	Tijdens de film at hij de hele tijd pinda's.	during
tot	Ik kan tot acht uur blijven. De kinderen liepen van deur tot deur.	until, till to

tussen	Hij voelt zich gevangen tussen vier muren.	between
uit	Oladapo komt uit Nigeria.	from
	Iedereen stapte dorstig uit de bus.	(got) off
	Het kuiken kwam uit het ei.	out of
van	Hij draagt altijd dassen van zijde.	made of
	Hij is een kind van zijn tijd.	of
	Ik heb het van hem gehoord.	from
vanaf	Vanaf dat moment bleef ik bang voor honden.	from . . . onwards
via	Ze vlogen via London naar Amsterdam.	via
volgens	Volgens mij is hij gek.	according to
voor	Er staat een pinguïn voor de deur.	in front of
	Voor niets gaat de zon op.	for
voorbij	Hij liep me voorbij zonder iets te zeggen.	past
wegens	Hij werd opgepakt wegens diefstal.	for
zonder	De reis verliep zonder problemen.	without

Appendix 3 Adverbs

1 **Adverbs of time**

vandaag	today
vanmorgen	this morning
vanmiddag	this afternoon
vanavond	this evening
vannacht	tonight
morgen	tomorrow
gisteren	yesterday
's morgens	in the morning
's middags	in the afternoon
's avonds	in the evening
's nachts	at night
altijd	always
meestal	mostly, usually
regelmatig	regularly
af en toe	now and then
zelden	seldom
ooit / eens	ever
nooit	never
al	already
weer	again
eindelijk	at last
ten slotte	finally
binnenkort	soon
straks	later
toen	then
sindsdien	since

2 **Adverbs of place**

rechtdoor	straight on
rechts(af)	(to the) right
links(af)	(to the) left
boven	upstairs
beneden	downstairs
binnen	inside
buiten	outside
hier	here
daar	there

er	there
overal	everywhere
ergens	somewhere
nergens	nowhere
weg	gone, away

3 Intensifying adverbs		
erg	very
zeer	very
heel	very
veel	much, a lot
zo	so
te	too

4 Other adverbs		
ook	also
niet	not
echter	however
eigenlijk	actually
inderdaad	indeed
bijna	almost, nearly
toch	yet, still
graag	gladly
precies	precisely
ongeveer	about
dus	so
zo	thus
zeker	surely, certainly

Appendix 4   Irregular verbs

* These verbs can only be conjugated with the auxiliary *zijn* (see also section 4.1.4).

1 | **ij** | **ee** | **ee** | |
|---|---|---|---|
| begrijpen | begreep, begrepen | begrepen | to understand |
| bijten | beet, beten | gebeten | to bite |
| blijken * | bleek, bleken | gebleken | to appear |
| blijven * | bleef, bleven | gebleven | to remain / stay |
| grijpen | greep, grepen | gegrepen | to grab / get hold of |
| kijken | keek, keken | gekeken | to look |
| krijgen | kreeg, kregen | gekregen | to get |
| lijden | leed, leden | geleden | to suffer |
| lijken | leek, leken | geleken | to seem |
| overlijden * | overleed, overleden | overleden | to die |
| prijzen | prees, prezen | geprezen | to praise |
| rijden | reed, reden | gereden | to drive / ride |
| rijzen * | rees, rezen | gerezen | to rise |
| schijnen | scheen, schenen | geschenen | to seem / shine |
| schrijven | schreef, schreven | geschreven | to write |
| snijden | sneed, sneden | gesneden | to cut |
| stijgen * | steeg, stegen | gestegen | to rise |
| strijden | streed, streden | gestreden | to fight |
| verdwijnen * | verdween, verdwenen | verdwenen | to disappear |
| vergelijken | vergeleek, vergeleken | vergeleken | to compare |
| vermijden | vermeed, vermeden | vermeden | to avoid |
| wijzen | wees, wezen | gewezen | to point |
| zwijgen | zweeg, zwegen | gezwegen | to be silent |

2 | **ie** | **oo** | **oo** | |
|---|---|---|---|
| (aan)bieden | bood, boden | geboden | to offer |
| bedriegen | bedroog, bedrogen | bedrogen | to deceive |
| genieten | genoot, genoten | genoten | to enjoy |
| gieten | goot, goten | gegoten | to pour |
| kiezen | koos, kozen | gekozen | to choose |
| liegen | loog, logen | gelogen | to lie |
| schieten | schoot, schoten | geschoten | to shoot |
| verbieden | verbood, verboden | verboden | to forbid |
| verliezen | verloor, verloren | verloren | to lose |
| vliegen | vloog, vlogen | gevlogen | to fly |
| vriezen | vroor, vroren | gevroren | to freeze |

ui	**oo**	**oo**	
buigen	boog, bogen	gebogen	to bend
druipen	droop, dropen	gedropen	to drip
duiken	dook, doken	gedoken	to dive
fluiten	floot, floten	gefloten	to whistle
kruipen	kroop, kropen	gekropen	to crawl
ruiken	rook, roken	geroken	to smell
schuiven	schoof, schoven	geschoven	to shove
sluiten	sloot, sloten	gesloten	to close / shut
snuiten	snoot, snoten	gesnoten	to blow (nose)
spuiten	spoot, spoten	gespoten	to spray
zuipen	zoop, zopen	gezopen	to booze

ee	**oo**	**oo**	
bewegen	bewoog, bewogen	bewogen	to move
scheren	schoor, schoren	geschoren	to shave

3

i	**o**	**o**	
beginnen *	begon, begonnen	begonnen	to begin
binden	bond, bonden	gebonden	to bind
dringen	drong, drongen	gedrongen	to push
drinken	dronk, dronken	gedronken	to drink
dwingen	dwong, dwongen	gedwongen	to force
klimmen	klom, klommen	geklommen	to climb
klinken	klonk, klonken	geklonken	to sound
krimpen *	kromp, krompen	gekrompen	to shrink
schrikken *	schrok, schrokken	geschrokken	to be frightened / startled
springen	sprong, sprongen	gesprongen	to jump
stinken	stonk, stonken	gestonken	to stink
verzinnen	verzon, verzonnen	verzonnen	to make sth. up
vinden	vond, vonden	gevonden	to find
winnen	won, wonnen	gewonnen	to win
zingen	zong, zongen	gezongen	to sing
zinken *	zonk, zonken	gezonken	to sink

e	**o**	**o**	
gelden	gold, golden	gegolden	to be valid
schelden	schold, scholden	gescholden	to abuse / call names
schenken	schonk, schonken	geschonken	to pour
trekken	trok, trokken	getrokken	to pull
vechten	vocht, vochten	gevochten	to fight
zenden	zond, zonden	gezonden	to send
zwemmen	zwom, zwommen	gezwommen	to swim

	e	ie	o	
	bederven	bedierf, bedierven	bedorven	to spoil / go bad
	helpen	hielp, hielpen	geholpen	to help
	sterven *	stierf, stierven	gestorven	to die
	zwerven	zwierf, zwierven	gezworven	to wander

	ee	a / aa	oo	
4	bevelen	beval, bevalen	bevolen	to command
	breken	brak, braken	gebroken	to break
	nemen	nam, namen	genomen	to take
	spreken	sprak, spraken	gesproken	to speak
	steken	stak, staken	gestoken	to stab
	stelen	stal, stalen	gestolen	to steal

	ee	a / aa	ee	
5	eten	at, aten	gegeten	to eat
	genezen	genas, genazen	genezen	to cure
	geven	gaf, gaven	gegeven	to give
	lezen	las, lazen	gelezen	to read
	vergeten	vergat, vergaten	vergeten	to forget

	i	a / aa	ee	
	bidden	bad, baden	gebeden	to pray
	liggen	lag, lagen	gelegen	to lie
	zitten	zat, zaten	gezeten	to sit

	aa	oe	aa	
6	dragen	droeg, droegen	gedragen	to carry / wear
	jagen	joeg, joegen	gejaagd	to chase / hunt
	slaan	sloeg, sloegen	geslagen	to hit
	varen	voer, voeren	gevaren	to sail
	vragen	vroeg, vroegen	gevraagd	to ask
	waaien	woei, woeien	gewaaid	to blow (wind)

7

blazen	blies, bliezen	geblazen	to blow
houden	hield, hielden	gehouden	to keep / hold
laten	liet, lieten	gelaten	to let
lopen	liep, liepen	gelopen	to walk
roepen	riep, riepen	geroepen	to call
scheppen	schiep, schiepen	geschapen	to create
slapen	sliep, sliepen	geslapen	to sleep
vallen *	viel, vielen	gevallen	to fall
verraden	verried, verrieden	verraden	to betray
hangen	hing, hingen	gehangen	to hang
vangen	ving, vingen	gevangen	to catch

Remaining group

8

bakken	bakte, bakten	gebakken	to bake
heten	heette, heetten	geheten	to be called
lachen	lachte, lachten	gelachen	to laugh
raden	raadde, raadden	geraden	to guess
scheiden *	scheidde, scheidden	gescheiden	to divorce
scheiden	scheidde, scheidden	gescheiden	to part
vouwen	vouwde, vouwden	gevouwen	to fold
wassen	waste, wasten	gewassen	to wash
wreken	wreekte, wreekten	gewroken	to revenge
brengen	bracht, brachten	gebracht	to bring / take
denken	dacht, dachten	gedacht	to think
kopen	kocht, kochten	gekocht	to buy
zoeken	zocht, zochten	gezocht	to look for
doen	deed, deden	gedaan	to do
gaan *	ging, gingen	gegaan	to go
staan	stond, stonden	gestaan	to stand
zien	zag, zagen	gezien	to see
hebben	had, hadden	gehad	to have
komen *	kwam, kwamen	gekomen	to come
kunnen	kon, konden	gekund	to be able to
moeten	moest, moesten	gemoeten	to have to
mogen	mocht, mochten	gemogen	to be allowed to
weten	wist, wisten	geweten	to know
worden *	werd, werden	geworden	to become / be
zeggen	zei, zeiden	gezegd	to say
zijn *	was, waren	geweest	to be

Appendix 5 Verbs that carry an infinitive preceded by *te*

aarzelen	(to hesitate)	horen	(to require / need)
beginnen	(to begin)	lijken	(to seem)
beloven	(to promise)	proberen	(to try)
besluiten	(to decide)	schijnen	(to seem)
beweren	(to claim)	verbieden	(to forbid)
blijken	(to appear)	vergeten	(to forget)
denken	(to think)	vragen	(to ask)
dreigen	(to threaten)	weigeren	(to refuse)
durven	(to dare)	wensen	(to wish)
geloven	(to believe)	weten	(to know)
hoeven *	(to have to)	zeggen	(to say)
hopen	(to hope)	zijn	(to be)

* *Hoeven* is only used with a negation and is then the opposite of *moeten* (have to):
Je hoeft niet te komen.   You need not come.

Appendix 6 Numerals

The corresponding ordinal numbers are put between brackets.

1	een (eerste)
2	twee(de)
3	drie (derde)
4	vier(de)
5	vijf(de)
6	zes(de)
7	zeven(de)
8	acht(ste)
9	negen(de)
10	tien(de)
11	elf(de)
12	twaalf(de)
13	dertien(de)
14	veertien(de)
15	vijftien(de)
16	zestien(de)
17	zeventien(de)
18	achttien(de)
19	negentien(de)
20	twintig(ste)
21	eenentwintig(ste)
22	tweeëntwintig(ste)
33	drieëndertig(ste)
44	vierenveertig(ste)
55	vijfenvijftig(ste)
66	zesenzestig(ste)
77	zevenzeventig(ste)
88	achtentachtig(ste)
99	negenennegentig(ste)
100	honderd(ste)
101	honderdeen(-eerste)
112	honderdtwaalf(de)
1300	dertienhonderd(ste)
1401	veertienhonderdeen(-eerste)

1000	duizend(ste)
16 000	zestienduizend(ste)
700 000	zevenhonderdduizend(ste)
1 000 000	miljoen(ste)
19 000 000	negentienmiljoen(ste)
1 000 000 000	miljard(ste)

Appendix 7 Answers

Exercise 1

1 John / wacht / op het station. **2** Wil / je / een appel?
3 Kom / je / met de trein / naar huis? **4** Ik / heb / bij de
bakker / brood / gehaald. **5** Morgen / gaat / de volgende
trein. **6** Ik / ging / gisteren / met een vriend / naar de stad.

Exercise 2

1 Luistert Tanja naar de radio? **2** Zijn alle foto's mislukt? **3** Hij
heeft jou gezien. **4** Alle Nederlanders hebben planten in huis.
5 Staat de tafel in het midden van de kamer? **6** Groningen ligt
in het noorden van Nederland.

Exercise 3

1 Op de markt koopt Kitty fruit. **2** Elk jaar vertelt hij dat verhaal. **3** Sinds een half jaar wonen ze in het dorp. In het dorp
wonen ze sinds een half jaar. **4** Vanmiddag gaan we naar de
tentoonstelling. Naar de tentoonstelling gaan we vanmiddag.
5 Nooit fietst meneer Albers met losse handen. Met losse handen fietst meneer Albers nooit. **6** In de tuin eet mevrouw van
Dam een broodje.

Exercise 4

1 He is cycling. / He cycles. **2** I am thinking. / I think. **3** We
are working. / We work. **4** She sees. **5** You are wishing. / You
wish. **6** Are you listening? **7** Ze helpen. **8** Hij antwoordt.
9 Lach je? **10** Ik zie. **11** Ze vindt. **12** We doen.

Exercise 5

1 Hij verdedigt zich. **2** Je vergist je. **3** Ze haast zich / ze haasten
zich. **4** Ik herinner me. **5** We verslapen ons. **6** Jullie wassen je.

Exercise 6

1 oren **2** kiezen **3** tanden **4** lippen **5** neuzen **6** ogen **7** meisjes
8 jongens **9** vrouwen **10** neven **11** opa's **12** moeders

Exercise 7

1 fabriek **2** kantoor **3** gebouw **4** flat **5** huis **6** kamer **7** straat
8 naam **9** nummer **10** jaar **11** maand **12** minuut

Exercise 8

1 bordje **2** plaatje **3** schilderijtje **4** parapluutje **5** kastje **6** tuintje
7 geurtje **8** dakje **9** lepeltje **10** raampje

Exercise 9

1 de oma **2** de krant **3** het ijsje **4** de bussen **5** het huis **6** het
boek **7** het eten **8** het bureau **9** de stoel **10** de televisie

Exercise 10

1 Ik ga niet naar de stad. **2** 's Avonds leest ze de krant niet.
3 We vinden de tekenfilm niet leuk. **4** De lamp is niet kapot.
5 Oom Harry maakt geen lange wandeling. **6** De kat ligt niet
op bed.

Exercise 11

1 deze katten **2** deze huizen **3** die programma's **4** die compu-
ters **5** deze tango's **6** deze glazen

Exercise 12

1 Die kinderen hebben lol / plezier. **2** Ik ken die mannen niet.
3 De bibliotheek is niet in deze straat. **4** Dit mes is scherp en
dat mes is bot. **5** Die auto is rood. **6** Deze vragen zijn belangrijk.

Exercise 13

1 gele / gele / geel **2** blauwe / blauwe / blauwe **3** zwarte / zwarte / zwart **4** witte / wit / wit **5** groene / groene / groen **6** rode / rode / rood

Exercise 14

1 aardiger-aardigst **2** lekkerder-lekkerst **3** meer-meest **4** dikker-dikst **5** later-laatst **6** drukker-drukst

Exercise 15

1 blauwer **2** – **3** goedkope **4** lelijk **5** goed **6** (klein); linkeroor

Exercise 16

1 mijn **2** zijn **3** je / jouw **4** Peters **5** Anja's **6** jullie **7** uw **8** hun, haar **9** Nienkes **10** Alex'

Exercise 17

1a Karina fietst graag in de vakantie. **1b** Wanneer fietst Karina graag? **2a** Ze gaat dit jaar naar België. **2b** Wie gaat dit jaar naar België? **3a** Ze gaat waarschijnlijk met de auto. **3b** Hoe gaat ze waarschijnlijk? **4a** Ze gaat alleen. **4b** Hoe gaat ze? Met wie gaat ze? **5a** Ze gaat naar de Ardennen. **5b** Waar gaat ze heen? **6a** Ze blijft daar twee weken. **6b** Hoelang blijft ze daar? **7a** Haar vriend woont daar. **7b** Waar woont haar vriend? **8a** Ze gaat een week bij hem logeren. **8b** Bij wie gaat ze een week logeren? **9a** Ze vindt dat heel leuk. **9b** Wat vindt ze heel leuk? **10a** Ze denkt vaak aan hem. **10b** Aan wie denkt ze vaak?

Exercise 18

1 Veel mensen / mannen gaan vanavond naar het concert. **2** Waar woont je oudste broer? **3** Welk boek is van jou / het jouwe? **4** Hij kent Harry's zus. **5** We drinken liever / het liefst zwarte koffie. **6** Deze klassieke muziek is gewoon beter dan jouw harde muziek. **7** Ze zwemt niet erg vaak. **8** We hebben geen computerspelletje. **9** De stoeltjes (kleine stoelen) zijn / staan in de grootste kamer. **10** In het rustige / stille park maakt hij veel lawaai.

Exercise 19

1 Het kleinste vogeltje pikt vlug alle broodkruimels. **2** Dag mijnheer, hoe gaat het met uw vrouw? **3** Wie ziet hier ergens die groene jas van mij? **4** Aan uw rechterhand ziet u het gebouw van de Tweede Kamer. **5** Die man zit elke avond aan hetzelfde tafeltje. **6** 's Avonds loopt ze niet graag op straat. **7** In welke straat woont de tandarts? **8** In Nederland leven papegaaien alleen in kooien. **9** Sommige mensen eten elke dag aardappels. **10** Een (klein) vuurtje veroorzaakt een grote brand.

Exercise 20

1 graaide **2** ontmoette **3** ontdekten **4** geloofde, vergiste **5** gereageerd **6** gezegd **7** verteld **8** gepakt **9** herhaald **10** bonsde

Exercise 21

1 Hij dronk een glas water. Hij heeft een glas water gedronken. **2** Ze gingen elk jaar op vakantie. Ze zijn elk jaar op vakantie gegaan. **3** De spiegel viel op de grond. De spiegel is op de grond gevallen **4** Hij schreef een brief naar een vriend. Hij heeft een brief naar een vriend geschreven **5** We liepen naar de stad. We zijn naar de stad gelopen **6** Hij was bewaker in het museum. Hij is bewaker in het museum geweest.

Exercise 22

1 Ik ga naar de markt om bloemen te kopen. **2** Goede vrienden van mij komen morgen logeren. **3** – **4** Het zal nog dagen blijven regenen. **5** – **6** –

Exercise 23

1 Morgen gaat Jan naar de stad fietsen. **2** Vanavond gaat het onweren. **3** Straks ga ik een foto maken. **4** Volgende week gaat ze werken. **5** Nu ga ik de planten water geven. **6** Vanmiddag gaan we in het meer zwemmen.

Exercise 24

1 Mag ik even bellen / telefoneren? / Mag ik je / uw telefoon gebruiken? **2** Mag ik nog een kop / kopje thee? **3** Zullen we naar een film gaan? **4** Ik moet naar de supermarkt. **5** Kun je vanavond komen? **6** Mag ik hier roken?

Exercise 25

1 ligt **2** staan **3** legt **4** zitten **5** liggen **6** ligt / zit / staat

Exercise 26

1 De vensterbank wordt (door de timmerman) gerepareerd.
2 De auto wordt (door de politie) naar de garage gesleept. **3** Ze werd (door hem) met haar verjaardag gefeliciteerd. **4** Ze is (door de dokter) behandeld. **5** Ik word (door mijn broer) naar het station gebracht. **6** Ik werd door niemand gewaarschuwd.

Exercise 27

1 Ze belt vanavond op. **2** Kom binnen! **3** Je moet dit even opschrijven. **4** We willen eerst overleggen. **5** In dit café hebben ze elkaar ontmoet. **6** Ik hoorde dat het concert morgen niet doorgaat.

Exercise 28

1 Ze zwemmen in het blauwe meer. **2** Ze deed alles om de baan te krijgen. **3** Mijn vriend heeft in veel landen gereisd. **4** Zijn dochter zit de krant te lezen. **5** Ik ben gebeld door de secretaresse. **6** We hebben haar op mijn zus' verjaardag ontmoet. / We hebben haar op de verjaardag van mijn zus ontmoet. **7** Ze heeft de hele kamer in één middag geverfd. **8** Hij vergat het licht uit te doen. **9** Ze aarzelde binnen te komen. **10** Ik werd uitgenodigd om op zijn feestje te komen.

Exercise 29

1 Ik wil je een verhaaltje vertellen. **2** Morgen ga ik op de markt bloemen kopen. **3** Je mag 's morgens niet eten. **4** Volgende week zullen mijn vrienden komen om me te helpen met mijn nieuwe huis. / Volgende week zullen mijn vrienden komen om me met mijn nieuwe huis te helpen. / Volgende week zullen mijn vrienden me komen helpen met mijn nieuwe huis. **5** Je moet om zeven uur thuis zijn om te eten. **6** Ze kon het gat in het dak niet ontdekken.

Exercise 30

1 wanneer **2** want **3** zodat **4** als **5** dat **6** toen

Exercise 31

1 Hoewel niemand er naar luisterde, hield de directeur een lange toespraak. **2** Ik durf weer appels te eten, nu ik naar de tandarts ben geweest. **3** Je kunt blijven eten, als je dat wilt. **4** Ze at het behang van de muur, toen ze klein was. **5** Omdat het heel hard begon te regenen, zette meneer Talens zijn paraplu op. **6** Ze kwam regelmatig bij ons langs, voordat ze getrouwd was.

Exercise 32

1 Als de muziek goed is, ga je vanzelf bewegen. Je gaat vanzelf bewegen, als de muziek goed is. **2** Ik heb zin om vanavond uit te gaan, maar ik heb geen geld. Ik heb geen geld, maar ik heb zin om vanavond uit te gaan. **3** Doordat de radio hard aanstond, werd Kitty wakker. Kitty werd wakker, doordat de radio hard aanstond. **4** Ik vind hem niet aardig, want hij doet alles stiekem. **5** De minister-president vindt dat het aantal werklozen in Nederland erg hoog is. **6** Sinds ze de pil gebruikt, vrijt ze met meer plezier. Ze vrijt met meer plezier, sinds ze de pil gebruikt.

Exercise 33

1 wie / wat **2** wat **3** die **4** wat **5** wie **6** dat **7** die **8** die **9** wie **10** dat

Exercise 34

1 Dat is het programma waar ik altijd naar luister. Dat is het programma waarnaar ik altijd luister. **2** De wereld waar jij over droomt, bestaat niet. De wereld waarover jij droomt, bestaat niet. **3** De vrouw met wie hij samenwoont, is twintig jaar ouder. **4** Het woord waar ik aan denk, heeft vijf letters. Het woord waaraan ik denk, heeft vijf letters. **5** De man van wie ik hou(d), heeft twee gouden tanden. **6** De kandidaat op wie ik ga stemmen, heeft prachtige ogen. **7** Ze willen ons niet vertellen waar ze bang voor zijn. Ze willen ons niet vertellen waarvoor ze bang zijn. **8** Ik hou(d) niet van de personen / mensen met wie je omgaat. **9** Vanmorgen ontving / kreeg hij de brief waar hij op had gewacht. Vanmorgen ontving / kreeg hij de brief waarop hij had gewacht. **10** Ik ben naar het eiland geweest / gegaan waar jij me over hebt verteld. Ik ben naar het eiland geweest / gegaan waarover jij me hebt verteld.

Exercise 35

1 Er staat een tafel voor het raam. De tafel staat voor het raam. **2** Hebben jullie er wel eens over nagedacht? **3 – 4** Ik ben het er niet mee eens. Ik ben het niet met jullie eens. **5 – 6** Ik ben er nooit heen gegaan.

Exercise 36

1 Ik denk er vaak aan. **2** We hebben er / daar de hele middag gezwommen. **3** Staan er bomen in jouw straat? Ja, er staan er veel. **4** Heb je die film op de televisie gezien? Nee, ik heb er niet naar gekeken. **5** Er staat een vrachtwagen voor. **6** We gaan er / daar nooit heen / naartoe. **7** Is er geen andere manier om er / daar te komen? **8** Ik heb er in een tijdschrift over gelezen. **9** Is er iets wat ik voor je kan doen? **10** Er moet nog veel gedaan worden.